001 ALLGEMEINES WISSEN

WIE LANG IST DIE GRUNDSPIELZEIT BEI EINEM FUSSBALLSPIEL?

A) 2 mal 45 Minuten

B) 4 mal 15 Minuten

C) 3 mal 30 Minuten

002 ALLGEMEINES WISSEN

AUS WIE VIELEN METERN ENTFERNUNG WIRD EIN STRAFSTOSS AUSGEFÜHRT?

A) 5

B) 11

C) 16

003 ALLGEMEINES WISSEN

WIE LAUTEN DIE ANDEREN BEZEICHNUNGEN FÜR EINEN ECKSTOSS?

A) Foul

B) Aus

C) Ecke

004 ALLGEMEINES WISSEN

AUS WIE VIELEN SPIELERN BESTEHT EINE VOLLSTÄNDIGE FUSSBALLMANNSCH AFT?

- A 16
- B 11
- C 23

005 WELTMEISTERSCHAFT

ALLE WIE VIELE JAHRE FINDET DIE FUSSBALLWELTMEISTERSCHAFT STATT?

(A) 2

(B) 4

(C) 5

006 EUROPA

WIE LAUTET DER NAME DES WICHTIGSTEN VEREINSFUSSBALLWETTBEWERBS IN EUROPA?

(A) Europa League

(B) Europa Conference League

(C) Champions League

007 EUROPAMEISTERSCHAFT

WELCHE LÄNDER HABEN DIE FUSSBALL-EUROPAMEISTERSCHAFT 2012 ORGANISIERT?

(A) Polen und Ukraine

(B) Polen

(C) Italien

008 EUROPAMEISTERSCHAFT

AUF WELCHEM PLATZ HAT DIE DEUTSCHE FUSSBALLNATIONALMANNSCHAFT DIE FUSSBALL-EUROPAMEISTERSCHAFT 2016 BEENDET?

- A Halbfinale
- B Viertelfinale
- C Finale

009 ALLGEMEINES WISSEN

WELCHE FARBE HABEN DIE KARTEN, DIE DIE SCHIEDSRICHTER WÄHREND DES SPIELS ZEIGEN?

(A) Gelb und Schwarz

(B) Gelb und Rot

(C) Rot und Grün

010 FIFA

FIFA IST?

(A) Sponsor des Fußballs

(B) Top 10 Fußballvereine

(C) Der internationale Fußballverband

011 OLYMPISCHE SPORTART

SEIT WANN IST FUSSBALL EINE OLYMPISCHE SPORTART?

(A) 1990

(B) 1890

(C) 1900

012 ALLGEMEINES WISSEN

SIND FOOTBALL UND AMERICAN FOOTBALL DERSELBE SPORT?

- (A) Ja
- (B) Nein
- (C) Das waren sie mal, aber die Amerikaner wollten ihren Sport

013 ALLGEMEINES WISSEN

WIE GROSS SOLLTE EIN FUSSBALLFELD SEIN?

A) 105 Meter lang und 68 Meter breit

B) 1005 Meter lang und 680 Meter breit

C) 205 Meter lang und 168 Meter breit

014 ALLGEMEINES WISSEN

WELCHE POSITION GIBT ES IM FUSSBALL NICHT?

A) Torwart

B) Verteidiger

C) Sucher

015 FUSSBALLSPIELER

WELCHE POSITION SPIELT KEVIN TRAPP?

A) Torwart

B) Verteidiger

C) Mittelfeldspieler

016 ALLGEMEINES WISSEN

ABSEITS IST...

- (A) Ein spezieller Stadion-Hotdog
- (B) Ein Verlierergesang
- (C) Die Position eines Spielers, wenn er sich in der gegnerischen Hälfte befindet und bei der Ballabgabe näher an der gegnerischen Abwehrlinie steht als der Ball und der vorletzte Verteidiger

017 FUSSBALLSPIELER

WELCHER FUSSBALLSPIELER WIRD "KAISER" GENANNT?

A) Gerd Müller

B) Fritz Walter

C) Franz Beckenbauer

018 FUSSBALLSPIELER

WELCHER FUSSBALLER HAT IN SEINER KARRIERE DIE MEISTEN TORE ERZIELT?

A) Messi

B) Ronaldo

C) Lewandowski

019 FUSSBALLSPIELER

WELCHER FUSSBALLSPIELER WURDE IN DER SAISON 2020-21 MIT DEM GOLDENEN SCHUH AUSGEZEICHNET?

A) Lewandowski

B) Messi

C) Ronaldo

020 FUSSBALLSPIELER

WELCHER FUSSBALLSPIELER WURDE IN DER GESCHICHTE FÜR DAS MEISTE GELD AUSGEKAUFT?

- A Kylian Mbappe
- B Neymar
- C Philippe Coutinho

021 TROPHÄEN

WELCHER VEREIN HAT DIE MEISTEN CHAMPIONS-LEAGUE-TROPHÄEN GEWONNEN?

A) Real Madrid

B) FC Bayern München

C) Borussia Dortmund

022 TROPHÄEN

WER SCHOSS DAS ENTSCHEIDENDE TOR IM FINALE DER FUSSBALLWELTMEISTERSCHAFT 2014?

A) Mario Goetze

B) Thomas Müller

C) Lukas Podolski

023 ALLGEMEINES WISSEN

WIE VIELE SPIELER MUSS EINE MANNSCHAFT MINDESTENS AUF DEM SPIELFELD HABEN?

A) 8

B) 7

C) 11

024 TROPHÄEN

WELCHER FUSSBALLSPIELER HAT IN DER GESCHICHTE AM MEISTEN DEN "GOLDENEN BALL" GEWONNEN?

A Ronaldo

B Messi

C Pele

025 FUSSBALLSPIELER

WELCHER DEUTSCHE FUSSBALLSPIELER BELEGTE 2014 DEN 3. PLATZ BEI DER WAHL ZUM "GOLDENEN BALL"?

A) Arjen Robben

B) Thomas Müller

C) Manuel Neuer

026 TROPHÄEN

WELCHE SPIELER HABEN DEN "GOLDENEN BALL" ZWEIMAL GEWONNEN?

A) Thomas Müller und Arjen Robben

B) Manuel Neuer und Lukas Podolski

C) Franz Beckenbauer und Karl-Heinz Rummenigge

027 FUSSBALLSPIELER

MIT WELCHER NUMMER HAT ARJEN ROBBEN FÜR DEN FCB GESPIELT?

A) 11

B) 7

C) 10

028 ALLGEMEINES WISSEN

EIN FOUL AN EINEM SPIELER, DER IN EINE FREIE POSITION KOMMT, FÜHRT ZU?

- A) Eine rote Karte
- B) Eine gelbe Karte
- C) Eine Verwarnung

029 ALLGEMEINES WISSEN

EIN FREILAUF DAS ERGEBNIS IST?

A 1-0

B 3-0

C 0-0

030 ALLGEMEINES WISSEN

DIE GRÖSSE DES ZIELS IST?

A 7m x 2,5m

B 7,32m x 2,44m

C 6,33m x 3,33m

031 ALLGEMEINES WISSEN

EIN STRAFSTOSS WIRD AUS WIE VIELEN METERN ENTFERNUNG AUSGEFÜHRT?

A 11

B 5

C 16

032 ALLGEMEINES WISSEN

EIN TRADITIONELLES HIGH-FIVE IST?

- (A) Danksagung nach dem Spiel
- (B) Abstoß aus dem Tor
- (C) Freilauf

033 ALLGEMEINES WISSEN

BEI EINEM FREISTOSS DIE "MAUER" VOM BALL WEG SEIN MUSS?

A 9,15 m

B 9 m

C 8,8 m

034 ALLGEMEINES WISSEN

KANN EIN SPIELER ZWEI ROTE KARTEN IN EINEM SPIEL ERHALTEN?

A Ja

B Nein

C Ja, aber im Notfall

035 ALLGEMEINES WISSEN

WIE VIELE STÜRMER AN DER TAKTIK BETEILIGT SIND: " 4-4-2"?

A 4

B 2

C 0

036 WELTMEISTERSCHAFT

BRASILIEN UND DEUTSCHLAND SIND DIE EINZIGEN MANNSCHAFTEN, DIE BEI ALLEN WELTMEISTERSCHAFTEN MEHR ALS 200 TORE GESCHOSSEN HABEN. WELCHE MANNSCHAFT LIEGT AUF DEM DRITTEN PLATZ?

- A Argentinien
- B England
- C Spanien

037 ALLGEMEINES WISSEN

WIE LANG IST EINE SPIELHÄLFTE?

A) 30 Minuten

B) 40 Minuten

C) 45 Minuten

038 FUSSBALLSPIELER

AUS WELCHEM LAND KOMMT ARJEN ROBEN?

A) Niederlande

B) Deutschland

C) Belgien

039 WELTMEISTERSCHAFT

WELCHES LAND HAT DIE FUSSBALLWELTMEISTERSCHAFT 2014 GEWONNEN?

A) Deutschland

B) Argentinien

C) Brasilien

040 FUSSBALLSPIELER

IN DER SAISON 2012-2013 WURDE DIE CHAMPIONS LEAGUE VOM FC BAYERN GEWONNEN. WER WAR DER TORSCHÜTZENKÖNIG DIESER AUSGABE?

A Lewandowski

B Ronaldo

C Neymar

041 OLYMPISCHEN SPIELEN

DER AKTUELLE NAME DER MANNSCHAFT EINES LANDES BEI DEN OLYMPISCHEN SPIELEN LAUTET?

(A) U-21

(B) U-23

(C) N-23

042 REKORDE

WIE VIELE TORE HAT ROBERT LEWANDOWSKI IN DER SAISON 2020/21 IN DER BUNDESLIGA GESCHOSSEN?

(A) 40

(B) 35

(C) 41

043 BUNDESLIGA

WELCHE MANNSCHAFT BLEIBT DURCH DIE PLAY-OFFS IN DER SAISON 2020/21 IN DER BUNDESLIGA?

(A) FC Köln

(B) FC Ingolstadt 04

(C) Schalke 04

044 BUNDESLIGA

WELCHE DEUTSCHE MANNSCHAFT HAT ZUM ERSTEN MAL AN DER EUROPA LEAGUE TEILGENOMMEN?

A) SC Freiburg

B) FC Union Berlin

C) TSG Hoffenheim

045 BUNDESLIGA

SCHALKE 04 GELSENKIRCHEN IST MIT 24 NIEDERLAGEN ALS TABELLENLETZTER AUS DER BUNDESLIGA ABGESTIEGEN. WIE VIELE SPIELE HAT DIE ZWEITSCHLECHTESTE MANNSCHAFT VERLOREN UND WIE HEISST DIESE MANNSCHAFT?

A) 17, Werder Bremen

B) 20, FSV Mainz

C) 19, 1. FC Köln

046 BUNDESLIGA

WELCHE BEIDEN MANNSCHAFTEN SIND IN DER SAISON 2020/21 IN DIE BUNDESLIGA AUFGESTIEGEN?

A) HSV Hamburg, Holstein Kiel

B) Greuther Fürth und VfL Bochum

C) Hannover 96 und Karlsruher S.C.

047 BUNDESLIGA

WELCHE DIESER MANNSCHAFTEN GEHÖRT NICHT DER BUNDESLIGA AN?

A) FC St. Pauli

B) Union Berlin

C) FC Augsburg

048 BUNDESLIGA

AB WELCHEM JAHR GIBT ES DIE BUNDESLIGA?

- (A) 1962
- (B) 1862
- (C) 1942

049 BUNDESLIGA

WIE VIELE BUNDESLIGEN GIBT ES AUF DER WELT (OHNE DIE UNTEREN SPIELKLASSEN)?

A 1

B 2

C 3

050 BUNDESLIGA

DER ERSTE MEISTER DER BUNDESLIGA WAR?

A FC Köln

B Werder Brema

C FC Bayern München

051 DEUTSCHE LIGA

WAS IST DIE ZWEITE LIGA IN DEUTSCHLAND?

A Meisterschaft

B 2. Liga

C 2. Bundesliga

052 CHAMPIONS LEAGUE

WELCHER DEUTSCHE VEREIN HAT DAS 2001-02 UEFA CHAMPIONS LEAGUE GEGEN REAL VERLOREN?

- A Bayern Munich
- B Bayer Leverkusen
- C Borussia Dortmund

053 BUNDESLIGA

WER IST MIT 36 TOREN DER ERFOLGREICHSTE BELGISCHE FUSSBALLSPIELER IN DER GESCHICHTE DER BUNDESLIGA?

A Emile Mpenza

B Thorgan Hazard

C Daniel van Buyten

054 FUSSBALLSPIELER

WELCHER TORHÜTER WAR DER ERSTE IN DER GESCHICHTE DER BUNDESLIGA, DER EIN TOR AUS DEM SPIEL HERAUS ERZIELTE?

A Jens Lehmann

B Oliver Kahn

C Hans-Jörg Butt

055 BUNDESLIGA

WIE VIELE KANADISCHE SPIELER HABEN IN DER 1. BUNDESLIGA TORE ERZIELT?

A Zwei

B Vier

C Acht

056 FUSSBALLSPIELER

WELCHER FUSSBALLSPIELER HAT SOWOHL FÜR BAYERN MÜNCHEN ALS AUCH FÜR BORUSSIA DORTMUND MINDESTENS 160 SPIELE ABSOLVIERT?

- A Robert Lewandowski
- B Mats Hummels
- C Thomas Helmer

057 BUNDESLIGA

WELCHER AUSLÄNDISCHE TRAINER HAT DIE MEISTEN PUNKTE IN DER GESCHICHTE DER BUNDESLIGA GEHOLT?

A Pep Guardiola

B Branko Zebec

C Lucien Favre

058 FUSSBALLSPIELER

WER IST DER JÜNGSTE TORSCHÜTZE IN DER GESCHICHTE DER BUNDESLIGA?

A Julian Draxler

B Nuri Sahin

C Havertz

059 BORUSSIA DORTMUND

WELCHER TRAINER VON BORUSSIA DORTMUND HAT DEN HÖCHSTEN PUNKTESCHNITT IN DER 1. BUNDESLIGA ?

A Jürgen Klopp

B Ottmar Hitzfeld

C Lucien Favre

060 BUNDESLIGA

WELCHER FUSSBALLER IST DER EINZIGE SPIELER IN DER GESCHICHTE DER BUNDESLIGA, DER BEI FÜNF VERSCHIEDENEN VEREINEN MINDESTENS 5 ASSISTS ERZIELT HAT?

A Sascha Mölder

B Marek Lesniak

C Max Kruse

061 HERTHA BSC

WELCHER POLNISCHE SPIELER HAT DIE MEISTEN SPIELE FÜR HERTHA BSC BESTRITTEN?

- (A) Artur Wichniarek
- (B) Łukasz Piszczek
- (C) Piotr Reiss

062 BUNDESLIGA

WELCHER AUSLÄNDISCHE SPIELER HAT IN DER GESCHICHTE DER 1. BUNDESLIGA DIE MEISTEN SPIELE BESTRITTEN?

- (A) Łukasz Piszczek
- (B) Claudio Pizarro
- (C) Arjen Robben

063 BUNDESLIGA

WEN HAT JULIAN NAGELSMANN ALS TRAINER DER TSG 1899 HOFFENHEIM ERSETZT?

- (A) Markus Babbel
- (B) Huub Stevens
- (C) Ralf Rangnick

064 FUSSBALLSPIELER

WELCHER FUSSBALLER IST DER EINZIGE SPIELER, DER FÜR MANNSCHAFTEN UNTER DER LEITUNG VON JÜRGEN KLOPP, PEP GUARDIOLA UND THOMAS TUCHEL GESPIELT HAT?

- A Mats Hummels
- B Douglas Costa
- C Mario Götze

065 REKORDE

DER BESTE TORSCHÜTZE IN DER GESCHICHTE DER DEUTSCHEN BUNDESLIGA BLEIBT?

A) Gerd Müller

B) Robert Lewandowski

C) Jupp Heynckes

066 STADIEN

DIE BERÜHMTE "SÜDTRIBÜNE", AUCH "GELBE WAND" GENANNT, BEFINDET SICH IM STADION IN?

A) München

B) Dresden

C) Dortmund

067 2. BUNDESLIGA

WELCHER DER FOLGENDEN VEREINE HAT DIE MEISTEN ABSTIEGE IN DER 2. BUNDESLIGA ZU VERZEICHNEN?

A) VfL Bochum

B) FC Nürnber

C) MSV Duisburg

068 FUSSBALLSPIELER

IN DEN SPÄTEN 1990ER JAHREN TRATEN AUCH DIE SPEKTAKULÄREN LEISTUNGEN VON HANS JÖRG BUTT AUF. DER TORHÜTER DES HSV HAMBURG ÜBERRASCHTE ALLE MIT SEINEN GUTEN SCHIESSKÜNSTEN. DIE SAISON 1999/2000 WAR DER HÖHEPUNKT DIESER ENTWICKLUNG. WIE VIELE TORE HAT BUTT DAMALS GESCHOSSEN?

- A 5
- B 7
- C 9

069 FUSSBALLSPIELER

WIE OFT WURDE ROBERT LEWANDOWSKI ZUM TORSCHÜTZENKÖNIG DES BVB GEKÜRT?

A) 1

B) 2

C) 3

070 ALLGEMEINES WISSEN

2014 WURDE DER EHEMALIGE BAYERN-CHEF ULI HOENESS ZU 3,5 JAHREN HAFT VERURTEILT, WEIL ER...?

A) Betrunken am Steuer saaß

B) Steuerbetrug

C) Spielmanipulation

071 BUNDESLIGA

"DIE SCHWABEN" IST DER SPITZNAME DER MANNSCHAFT?

A) Eintracht Frankfurt

B) VfB Stuttgart

C) 1. FSV Mainz 05

072 BUNDESLIGA

TIERE SIND SEIT LANGEM TEIL DER DEUTSCHEN VEREINSKULTUR. VIELE VON IHNEN HABEN TIERE IN IHREM WAPPEN. DAZU GEHÖRT AUCH DER 1. FC KÖLN, DESSEN SYMBOL EINE ZIEGE IST. DIESES ERHIELT DER CLUB 1950 VON EINEM ZIRKUS. WIE HIESS ER?

A) Karl

B) Hennes

C) Helmut

073 BUNDESLIGA

WANN WURDE DER VEREIN BAYERN MÜNCHEN GEGRÜNDET?

- A) 1900
- B) 1920
- C) 1940

074 BUNDESLIGA

WER WAR NOCH NIE TRAINER DER BAYERN?

- A) Pep Guardiola
- B) Jupp Heynckes
- C) Rafael Benitez

075 FUSSBALLSPIELER

WER IST DER ERSTE KAPITÄN DER BAYERN? (2022)

- A) Robert Lewandowski
- B) Manuel Neuer
- C) Thomas Müller

076 BUNDESLIGA

TRADITION IST IM DEUTSCHEN FUSSBALL FEST VERANKERT. DIES IST UNTER ANDEREM DER GRUND DAFÜR, DASS DIE 50+1-REGEL, DIE ES PRIVATEN INVESTOREN VERBIETET, DIE HÄLFTE DER ANTEILE EINES KLUBS ZU ÜBERNEHMEN, NACH WIE VOR STRENG EINGEHALTEN WIRD. DENNOCH GIBT ES IN DER BUNDESLIGA EINIGE, FÜR DIE DIESE REGEL NICHT GILT. WELCHE?

A) Bayer Leverkusen/Vfl Wolfsburg/ TSG 1899 Hoffenheim

B) Borussia Dortmund/Bayern München/ Schalke 04 Gelsenkirchen

C) RB Leipzig/SC Freiburg/Union Berlin

077 BUNDESLIGA

WIE OFT HAT BAYERN IN DER BUNDESLIGA DEN 12 PLATZ (SCHLECHTESTER PLATZ) BELEGT?

(A) 1

(B) 2

(C) 3

078 STADIEN

WIE HEISST DAS STADION DER "BAYERN"?

(A) Alionz Arena

(B) Alianz Arena

(C) Alienz Arena

079 FUSSBALLSPIELER

WER TRUG VOR DEM WECHSEL VON ROBERT LEWANDOWSKI DIE NUMMER 9?

(A) Bastian Schweinsteiger

(B) Xherdan Shaqiri

(C) Mario Mandzukic

080 BUNDESLIGA

NACH DEM ABGANG VON ROBERT LEWANDOWSKI KAUFTE BORUSSIA DEN TORSCHÜTZENKÖNIG DER ITALIENISCHEN LIGA. WIE VIELE TORE HAT CIRO IMBOBILE FÜR BORUSSIA GESCHOSSEN?

- A 3
- B 8
- C 12

081 CHAMPIONS LEAGUE

AUF WELCHEN VEREIN TRAFEN DIE BAYERN IM FINALE DER CHAMPIONS LEAGUE 2012/13?

A) Borussia Dortmund

B) Real Madrid

C) FC Barcelona

082 BUNDESLIGA

VON WELCHEM VEREIN HABEN DIE BAYERN MANUEL NEUER ERWORBEN?

A) Bayer 04 Leverkusen

B) Hertha BSC

C) Schalke 04

083 REKORDE

IN EINEM SPIEL GEGEN WELCHES BAYERN-TEAM ERZIELTE ROBERT LEWANDOWSKI 5 TORE IN 9 MINUTEN?

A) VfL Wolfsburg

B) VfB Stuttgart

C) RB Lipsk

084 BUNDESLIGA

VON WELCHEM VEREIN UND WANN HABEN DIE BAYERN JÉRÔME BOATENG ERWORBEN?

A) Von Hamburger SV, 2007

B) Von Manchester City, 2010

C) Von Manchester City, 2011

085 CHAMPIONS LEAGUE

IN WELCHEM JAHR HAT BORUSSIA DORTMUND DIE CHAMPIONS LEAGUE GEWONNEN?

- A 2011
- B 2007
- C 1997

086 DFB-POKAL

WIE OFT HAT BORUSSIA DORTMUND DEN DFB-POKAL GEWONNEN?

- A 3
- B 4
- C 5

087 FUSSBALLSPIELER

WER HAT DIE MEISTEN TORE IN DER GESCHICHTE VON BORUSSIA DORTMUND GESCHOSSEN?

- A Robert Lewandowski
- B Alfred Preissler
- C Marco Reus

088 BUNDESLIGA

WIE LAUTET DER NAME DES SPRECHERS VON BORUSSIA DORTMUND?

A) Norbert Nicke

B) Wolfgang de Beer

C) Benedikt Scholz

089 BUNDESLIGA

NENNEN SIE DAS GRÜNDUNGSDATUM VON BORUSSIA DORTMUND?

A) 13. April 1909

B) 19. Dezember 1909

C) 13. Dezember 1907

090 BUNDESLIGA

WIE LAUTET DER VOLLSTÄNDIGE NAME DES BVB?

A) Ballspielverein Borussia 09 e.V. Dortmund

B) Ballspielverein Borussia 09 bvb.V. Dortmund

C) Borussia Dortmund

091 BUNDESLIGA

WÄHREND DES ZWEITEN WELTKRIEGS WAR DER BVB?

A) Nazi

B) Anti-Nazi

C) Neutral

092 BUNDESLIGA

WIE LAUTET DER NAME DES PRÄSIDENTEN VON BORUSSIA DORTMUND?

- A Rolf Königs
- B Enrique Cerezo
- C Hans-Joachim Watzke,

093 BUNDESLIGA

WIE OFT HAT BORUSSIA DORTMUND DIE BUNDESLIGA GEWONNEN?

A) 3

B) 6

C) 8

094 CHAMPIONS LEAGUE

WIE OFT HAT BORUSSIA DORTMUND DIE UEFA CHAMPIONS LEAGUE GEWONNEN?

A) 1

B) 2

C) 3

095 STADIEN

WIE HEISST DAS STADION, IN DEM BORUSSIA DORTMUND DERZEIT SEINE SPIELE AUSTRÄGT?

A) Westfalenstadion

B) Signal Iduna Park

C) Westfalenpark

096 BUNDESLIGA

AUF DEM MANNSCHAFTSABZEICHEN DES BVB STEHT FÜR BALLSPIEL-VEREIN BORUSSIA. WAS BEDEUTET DAS IM ENGLISCHEN?

- (A) Borussia sehr mutig Club Borussia zum Ballspielen
- (B) Team Borussia Tore
- (C) Team Borussia Kickabout

097 FUSSBALLSPIELER

IN WIE VIELEN KATEGORIEN IST ROBERT LEWANDOWSKI IM GUINNESS-BUCH DER REKORDE AUFGEFÜHRT?

A 4

B 5

C 3

098 BUNDESLIGA

LEWANDOWSKI ERHIELT IM SENIORENFUSSBALL EINE ROTE KARTE. IN WELCHEM SPIEL?

A Gegen den HSV 9.02.2013

B Gegen den RB Lipsk 15.08.2015

C Gegen den VfL Wolfsburg 23.10.2015

099 FUSSBALLSPIELER

WELCHER FUSSBALLER IST DER ERFOLGREICHSTE TORSCHÜTZE IN DER GESCHICHTE IN DER KLASSIKER?

A Thomas Müller

B Robert Lewandowski

C Erling Haaland

100 FUSSBALLSPIELER

NACHDEM ER 7 SPIELZEITEN BEI DEN BAYERN VERBRACHT HATTE, ENTSCHIED ER SICH, ZU OLYMPIQUE MARSEILLE ZU WECHSELN... NUR UM NACH KAUM SECHS MONATEN IN DIE BAYERISCHE HAUPTSTADT ZURÜCKZUKEHREN. VON WEM IST DIE REDE?

- A Bixente Lizarazu
- B Willy Sagnol
- C Franck Ribery

101 FUSSBALLSPIELER

WELCHER SPIELER HAT IN DER GESCHICHTE VON DER KLASSIKER DIE MEISTEN AUFTRITTE ABSOLVIERT?

A) Marco Reus

B) Thomas Müller

C) Manuel Neuer

102 DER KLASSIKER

IN DER VERGANGENHEIT TRATEN IN DER KLASSIKER HÄUFIG BESONDERE SITUATIONEN AUF. EINE DAVON WAREN ANGRIFFE IM KUNG-FU-STIL UND DAS BEISSEN EINES DER GEGNERISCHEN SPIELER. WIE LAUTET DER NAME DES SPIELERS, DER DIESE VERSTÖSSE BEGANGEN HAT?

A) Paul Breitner

B) Mario Basler

C) Olivier Kahn

103 DER KLASSIKER

IN EINEM WEITEREN DER-KLASSIKER-SPIEL DER SAISON 2002/03 BEENDETE BORUSSIA DORTMUND DAS SPIEL ALS NEUNTER MIT EINEM FELDSPIELER ZWISCHEN DEN PFOSTEN, NACHDEM JENS LEHMANN IN DER 66. WER HAT IHN IM TOR ERSETZT?

A) Lars Ricken

B) Sebastian Kehl

C) Jan Koller

104 CHAMPIONS LEAGUE

FÜNFMALIGER DEUTSCHER MEISTER, GEWINNER DER CHAMPIONS LEAGUE, 58-MALIGER VERTRETER FRANKREICHS. WILLY SAGNOL, WIE ER GENANNT WIRD, KAM ZU DEN BAYERN AUS...?

- A AS Monaco
- B Athletic Bilbao
- C Saint-Ettiene

105 DER KLASSIKER

DAS GEWALTTÄTIGSTE SPIEL IN DER GESCHICHTE VON DER KLASSIKER FAND IM APRIL 2001 STATT. DREI SPIELER MUSSTEN DAS SPIELFELD VERLASSEN. WIE VIELE KARTEN HAT HARTMUT STRAMPE INSGESAMT GEZEIGT?

A 10

B 12

C 15

106 DER KLASSIKER

BEGEGNUNGEN ZWISCHEN BORUSSIA DORTMUND UND BAYERN MÜNCHEN HABEN AUCH POLNISCHE THEMEN. ROBERT LEWANDOWSKI IST DER BESTE TORSCHÜTZE IN DER GESCHICHTE VON DER KLASSIKER. WELCHER POLNISCHE SPIELER ERZIELTE IN DIESEM DEUTSCHEN DERBY EBENFALLS EIN TOR?

A Łukasz Piszczek

B Jakub Błaszczykowski

C Euzebiusz Smolarek

107 STADIEN

WELCHER FUSSBALLVEREIN TRÄGT SEINE HEIMSPIELE IN DER VOLKSWAGEN-ARENA AUS?

A Eintracht Frankfurt

B VfL Wolfsburg

C 1. FSV Mainz 05

108 BUNDESLIGA

SEIT IHREM AUFSTIEG SIND DIE BAYERN NOCH NIE AUS DER BUNDESLIGA ABGESTIEGEN. ALLERDINGS STANDEN SIE NICHT IMMER AUF DEM SIEGERTREPPCHEN. AUF WELCHEM PLATZ HABEN SIE DIE SAISON MIT DER SCHLECHTESTEN PLATZIERUNG ALLER ZEITEN BEENDET?

A 9

B 12

C 15

109 BUNDESLIGA

WANN WURDE RB LEIPZIG GEGRÜNDET?

(A) 19. Mai 2009

(B) 9. Mai 2006

(C) 29 Mai 1996

110 DEUTSCHE LIGA

VON WELCHER MANNSCHAFT HAT RED BULL DIE SPIELRECHTE ERWORBEN?

(A) Erzgebirge Aue

(B) Dynamo Dresden

(C) SSV Markranstädt

111 BUNDESLIGA

IN WELCHER SAISON FEIERTE RB LEIPZIG SEIN BUNDESLIGA-DEBÜT?

(A) 2014-2015

(B) 2016-2017

(C) 2012-2013

ROBERT LEWANDOWSKI HAT IN DER SAISON 2019/20 EINEN BUNDESLIGAREKORD FÜR DIE MEISTEN SPIELE MIT EINEM TOR IN FOLGE SEIT DER 1. RUNDE AUFGESTELLT. WIE VIELE SIND ES?

A 12

B 14

C 11

113 REKORDE

DER DIE MEISTEN EINSÄTZE IN DER BUNDESLIGA ABSOLVIERT HAT? (602)

(A) Karl-Heinz Körbel

(B) Gerd Müller

(C) Klaus Fischer

114 REKORDE

WER IST DER BESTE TORSCHÜTZE IN DER BUNDESLIGA?

(A) Robert Lewandowski

(B) Gerd Müller

(C) Klaus Fischer

115 REKORDE

WIE VIELE TORE HAT GERD MÜLLER IN DER BUNDESLIGA GESCHOSSEN?

(A) 365

(B) 653

(C) 536

116 BUNDESLIGA

WIE VIELE MEISTERTITEL HAT DER FC BAYERN GEWONNEN?

A 30

B 31

C 32

117 BUNDESLIGA

WIE VIELE TITEL HAT DER FC BAYERN IN FOLGE GEWONNEN?

A) 9

B) 10

C) 11

118 BUNDESLIGA

WIE VIELE PUNKTE VORSPRUNG HATTE DER FCB BEIM GEWINN DER MEISTERSCHAFT GEGENÜBER DER ZWEITEN MANNSCHAFT?

A) 15

B) 25

C) 20

119 BUNDESLIGA

DAS MASKOTTCHEN DES FC BAYERN IST?

A) Der Bär

B) Die Ziege

C) Berni der Bär

120 BUNDESLIGA

ES IST JEDOCH NICHT SO, DASS BAYERN UND BORUSSIA AUSSCHLIESSLICH EIN ANGESPANNTES VERHÄLTNIS HABEN. VOR JAHREN RETTETEN DIE MÜNCHNER DEN BVB VOR DER PLEITE, INDEM SIE DEM VEREIN AUS DEM RUHRGEBIET EIN LANGFRISTIGES DARLEHEN ANBOTEN. IN WELCHEM JAHR IST DIES GESCHEHEN?

A 1993

B 2003

C 2013

121 BUNDESLIGA

WELCHE FARBE HABEN DIE AUSWÄRTSTRIKOTS VON BAYERN MÜNCHEN?

A) Blau

B) Rot

C) Schwarz

122 FUSSBALLSPIELER

WELCHE NUMMER TRÄGT THOMAS MILLER AUF SEINEM HEMD?

A) 11

B) 7

C) 25

123 FUSSBALLSPIELER

AUF WELCHER POSITION SPIELT MANUEL NOUER?

A) Torwart

B) Mittelfeldspieler

C) Verteidiger

124 STADIEN

DAS GRÖSSTE STADION DEUTSCHLANDS IST?

- (A) Signal Iduna Park
- (B) Allianz Arena
- (C) Olympiastadion Berlin

125 FUSSBALLVERBAND

WIE HEISST DER DEUTSCHE FUSSBALLVERBAND?

A) Fußball-Bund (FB)

B) Deutscher Fußball-Bund (DFB)

C) Deutscher Fußball (DF)

126 STADIEN

WIE GROSS IST DIE KAPAZITÄT DES RHEINENERGIE-STADIONS IN KÖLN?

A) 65 000

B) 50 000

C) 31 999

127 STADIEN

WIE LAUTET DER NAME DES STADIONS VON UNION BERLIN?

A) Alte Försterei 22 012

B) Olympiastadion Berlin

C) Coface Arena

128 STADIEN

DAS STADION WELCHER MANNSCHAFT HAT 3 STEHPLÄTZE?

- A TSG Hoffenheim
- B Sport-Club Freiburg
- C Union Berlin

129 STADIEN

IN WELCHEM JAHR WURDE DAS STADION IM SIGNAL IDUNA PARK VON 54.000 AUF 81.365 PLÄTZE ERWEITERT?

- A) 2004
- B) 2005
- C) 2006

130 STADIEN

IN WELCHEM STADION FAND DAS FINALE DER FUSSBALLWELTMEISTERSCHAFT 2006 STATT?

- A) Signal Iduna Park
- B) Olympiastadion Berlin
- C) Allianz Arena

131 STADIEN

DAS AUFFÄLLIGSTE MERKMAL DES BAUWERKS SIND DAS DACH UND DIE FASSADE, DIE AUS DREITAUSEND MIT LUFT GEFÜLLTEN FOLIENKISSEN BESTEHEN. DIE STADIONHÜLLE IST DIE GRÖSSTE FOLIENKONSTRUKTION DER WELT. JEDES DER KISSEN KANN IN DREI VERSCHIEDENEN FARBEN LEUCHTEN. VON WELCHEM STADION REDEN WIR?

- A) Allianz Arena
- B) Veltins Arena
- C) Mercedes-Benz Arena

132 STADIEN

IN WELCHEM STADION FAND DAS ERÖFFNUNGSSPIEL DER FUSSBALLWELTMEISTERSCHAFT 2006 STATT, ALS DEUTSCHLAND COSTA RICA MIT 4:2 BESIEGTE?

A Olympiastadion Berlin

B Allianz Arena

C Mercedes-Benz Arena

133 STADIEN

DAS STADION GILT ALS EINES DER MODERNSTEN DER WELT, DA ES ÜBER DEM SPIELFELD EIN EINZIEHBARES VORDACH HAT UND DAS SPIELFELD FÜR BESSERES LICHT AUF EINE RIESIGE PLATTFORM HINAUSGEHT. VON WELCHEM STADION REDEN WIR?

A) Veltins-Arena

B) Signal Iduna Park

C) Red Bull Arena

134 STADIEN

WELCHES STADION WURDE VON 100.000 PLÄTZEN AUF 47.000 PLÄTZE VERKLEINERT?

A) Fritz-Walter Stadion

B) Weserstadion

C) Red Bull Arena

135 BUNDESLIGA

WELCHE MANNSCHAFTEN HABEN JEWEILS 5 BUNDESLIGAMEISTERSCHAFTEN GEWONNEN?

A) Werder Brema , Hamburger SV

B) VfB Stuttgart, Hertha Berlin

C) Borussia Dortmund, Borussia Mönchengladbach

136 FUSSBALLSPIELER

WAS WAR DER ERSTE VEREIN VON OLIVIER KHAN?

- A Karlsruher Sportclub
- B FC Schalke 04
- C FC Bayern München

137 FUSSBALLSPIELER

WIE VIELE TORE HAT ROBERT LEWANDOWSKI IN 384 BUNDESLIGASPIELEN ERZIELT?

(A) 365

(B) 312

(C) 356

138 BUNDESLIGA

DIE HÖCHSTE ANZAHL VON BAYERNS AUFEINANDERFOLGENDEN TRIUMPHEN IN DER BUNDESLIGA IST?

(A) 8

(B) 9

(C) 10

139 BUNDESLIGA

DIE WENIGSTEN NIEDERLAGEN IN EINER BUNDESLIGASAISON HATTE BAYERN MÜNCHEN JE. WIE VIELE SPIELE HAT SIE VERLOREN?

(A) 1

(B) 2

(C) 3

140 REKORDE

DIE LÄNGSTE SERIE VON SPIELEN OHNE NIEDERLAGE IN DER BUNDESLIGA IST?

- A 32 Spiele Borussia Dortmund
- B 52 Spiele Bayern München
- C 46 Spiele Bayern München

141 REKORDE

DIE WENIGSTEN GEGENTORE IN EINER SAISON KASSIERT? (SAISON 2015/2016)

- (A) 17 - Bayern München
- (B) 16 - Borussia Dortmund
- (C) 15 - RB Leipzig

142 REKORDE

DIE MEISTEN GESCHOSSENEN TORE IN EINEM KALENDERJAHR?

- (A) RB Leipzig (2021)
- (B) Bayern München (2021)
- (C) Borussia Dortmund (2012)

143 REKORDE

DER BESTE BUNDESLIGA-VIZEMEISTER ALLER ZEITEN IST?

- (A) RB Leipzig 74 Punkte (2019/2020)
- (B) Bayer 04 Leverkusen 75 Punkte (2005/2006)
- (C) Borussia Dortmund 77 Punkte (2015/2016)

144 REKORDE

WELCHER SPIELER HAT DIE MEISTEN DEUTSCHEN MEISTERSCHAFTEN GEWONNEN?

A Thomas Müller 11

B Robert Lewandowski 11

C Manuel Neuer 10

145 REKORDE

WIE VIELE TORE HAT ROBERT LEWANDOWSKI IN DER BUNDESLIGASAISON 2020-2021 ERZIELT?

A) 39

B) 40

C) 41

146 REKORDE

WAS WAR DAS ERFOLGREICHSTE TORSCHÜTZEN-DUO IN EINER SAISON? 54 TORE ?

A) Robert Lewandowski, Thomas Müller (FC Bayern)

B) Erling Haaland, Thorgan Hazard (Borussia Dortmund)

C) Edin Džeko, Grafite (VfL Wolfsburg)

147 FUSSBALLSPIELER

DIE MEISTEN TORE EINES SPIELERS, DER VON DER BANK KOMMT, IN EINEM SPIEL?

A) 3 - Thomas Müller

B) 4 - Erling Haaland

C) 5 - Robert Lewandowski

148 FUSSBALLSPIELER

WIE VIELE SPIELE HAT MANUEL NEUER AM HÄUFIGSTEN OHNE GEGENTOR VERLOREN?

A 18

B 20

C 22

149 TRAINER

WELCHER WAR DER ÄLTESTE TRAINER, DER MEISTER WURDE (68 JAHRE, 9 TAGE, BAYERN MÜNCHEN, SAISON 2012/2013)?

(A) Jupp Heynckes

(B) Hans-Dieter Flick

(C) Louis van Gaal

150 TRAINER

WELCHER WAR DER JÜNGSTE TRAINER, DER MEISTER WURDE?

(A) Julian Nagelsmann

(B) Niko Kovač

(C) Matthias Sammer

151 REKORDE

KARIM BELLARABI ERZIELTE DAS SCHNELLSTE TOR DER BUNDESLIGA. WIE VIELE SEKUNDEN BRAUCHTE ER FÜR EIN TOR? (BORUSSIA DORTMUND - BAYER 04 LEVERKUSEN, 23. AUGUST 2014)

(A) 6s

(B) 8s

(C) 26s

152 REKORDE

WIE VIELE MINUTEN BRAUCHTE ROBERT LEWANDOWSKI, UM 5 TORE ZU SCHIESSEN?

- A 7
- B 9
- C 11

153 FC BAYERN

WER WIRD AM 1. JULI 2021 OFFIZIELL PRÄSIDENT VON BAYERN MÜNCHEN?

A Oliver Kahn

B Herbert Hainer

C Hans-Dieter Flick

154 FUSSBALLSPIELER

WIE VIELE JAHRE HAT ROBERT LEWANDOWSKI BEI BORUSSIA DORTMUND VERBRACHT?

A 2

B 3

C 4

155 EUROPAMEISTERSCHAFT

WIE OFT HAT DEUTSCHLAND SCHON DIE EUROPAMEISTERSCHAFT GEWONNEN?

A 2

B 3

C 4

156 EUROPAPOKALFINALE

WER WAR DER GEGNER DEUTSCHLANDS IM EUROPAPOKALFINALE 1996?

- A Tschechische Republik
- B England
- C Frankreich

157 TRAINER

WER IST DER AKTUELLE TRAINER DER DEUTSCHEN NATIONALMANNSCHAFT?

A Joachim Löw

B Hans-Dieter Flick

C Jürgen Klinsmann

158 FUSSBALLSPIELER

ER WAR STAMMSPIELER IN DER BUNDESLIGA UND OLIVER KAHN SASS AUF DER BANK. WIE LAUTETE DER NAME DES POLNISCHEN TORWARTS?

A Aleksander Famuła

B Mirosław Dreszer

C Waldemar Cimander

159 FUSSBALLSPIELER

WELCHER BERÜHMTE TORHÜTER HAT LUKASZ PISZCZEK SEIN ERSTES TOR IN DER 1. BUNDESLIGA GESCHOSSEN?

A Robert Enke

B Tim Wiese

C Manuel Neuer

160 FUSSBALLSPIELER

WER SPIELT MIT DER NUMMER 7 IN DER DEUTSCHEN NATIONALMANNSCHAFT?

A Julian Draxler

B Kai Havertz

C Leon Goretzka

161 FUSSBALLSPIELER

DIE MEISTEN EINSÄTZE IN DER DEUTSCHEN NATIONALMANNSCHAFT?

A) Lothar Matthäus

B) Miroslav Klose

C) Lukas Podolski

162 FUSSBALLSPIELER

DIE MEISTEN TORE VON DEUTSCHLAND GESCHOSSEN WURDEN?

A) Miroslav Klose

B) Thomas Müller

C) Lukas Podolski

163 FUSSBALLSPIELER

DER AKTUELLE KAPITÄN DER DEUTSCHEN NATIONALMANNSCHAFT IST?

A) Thomas Müller

B) Manuel Neuer

C) Leon Goretzka

164 FUSSBALLSPIELER

DER DEUTSCHE FUSSBALLER DES JAHRES 2018 IST?

A Marco Reus

B Manuel Neuer

C Thomas Müller

165 NATIONALMANNSCHAFT

WIE VIELE WELTMEISTERTITEL HAT DEUTSCHLAND GEWONNEN?

A 2

B 3

C 4

166 NATIONALMANNSCHAFT

WIE VIELE EUROPAMEISTERTITEL HAT DEUTSCHLAND GEWONNEN?

A 1

B 2

C 3

167 NATIONALMANNSCHAFT

WELCHES ERGEBNIS HAT DIE DEUTSCHE NATIONALMANNSCHAFT BEI DER WELTMEISTERSCHAFT 2018 IN RUSSLAND ERREICHT?

A Das Erreichen der Gruppenphase

B Meisterschaft

C zweiter Platz

168 FUSSBALLSPIELER

WELCHER SPIELER WAR DER KAPITÄN DES EUROPAMEISTERS VON 1972 UND DES WELTMEISTERS VON 1974?

- A Karl-Heinz Rummenigge
- B Franz Beckenbauer
- C Rudi Völler

169 NATIONALMANNSCHAFT

WER HAT DIE DEUTSCHE NATIONALMANNSCHAFT IN 198 SPIELEN ALS TRAINER GEFÜHRT?

A) Joachim Löw

B) Berti Vogts

C) Franz Beckenbauer

170 STADIEN

WIE HEISST DAS STADION VON WERDER BREMEN?

A) Elbestadion

B) Weserstadion

C) Saarstadion

171 ALLGEMEINES WISSEN

IN WELCHEM JAHR WURDEN ZUM ERSTEN MAL GELBE UND ROTE KARTEN IM FUSSBALL EINGESETZT?

A) 1970

B) 1790

C) 1650

172 FUSSBALLSPIELER

WER SPIELTE VON 2007 BIS 2010 SEHR ERFOLGREICH BEI BORUSSIA MÖNCHENGLADBACH IM STURM?

A) Rob Friend

B) Rob Aunt

C) Rob Frienr

173 CHAMPIONS LEAGUE

WO GEWANN DER FC BAYERN MÜNCHEN DAS CHAMPIONS LEAGUE FINALE GEGEN DEN FC VALENCIA 2001?

A Barcelona

B Athen

C Mailand

174 ALLGEMEINES WISSEN

ZWISCHEN 2004 UND 2012 HIESS DER PRÄSIDENT DES DFB THEO ...?

A Zehner

B Fünfziger

C Zwanziger

175 STADIEN

WIE HEISST DAS STADION VON KAISERSLAUTERN?

A Stadion Alm

B Fritz Walter Stadion

C Stadion der Freundschaft

176 EUROPAMEISTERSCHAFT

WELCHE PRÄMIE ERHIELTEN 1989 DIE DEUTSCHEN FUSSBALLERINNEN VOM DFB FÜR DEN SIEG BEI DER EM?

- A Kaffeeservice
- B Eckes Edelkirsch
- C 50 DM

177 CHAMPIONS LEAGUE

GEGEN WEN VERLOR BAYERN MÜNCHEN IM CHAMPIONS LEAGUE FINALE 1999?

A) Arsenal London

B) FC Barcelona

C) Manchester United

178 BUNDESLIGA

WER WAR DER ERSTE NACHKRIEGSMEISTER IM FUSSBALL (1948)?

A) Bayern Monachium

B) FC Norymberga

C) Hertha BSC

179 TREINER

WELCHER BUNDESTRAINER FOLGTE AUF BERTI VOGTS?

A) Erich Ribbeck

B) Jupp Derwall

C) Joachim Löw

180 FUSSBALLSPIELER

WELCHER FUSSBALLSPIELER HAT DIE MEISTEN WM-SPIELE ABSOLVIERT?

- A Paolo Maldini
- B Lothar Matthäus
- C Diego Maradona

181 BUNDESLIGA

WAS IST DAS BESONDERE AN DER FUSSBALLMEISTERSCHAFT DES 1. FC KAISERSLAUTERN VON 1998?

A) Erster Deutscher Meister nach einem Aufstieg

B) Der Trainer hieß Otto Rehhagel

C) Tabellenführung ab dem 4. Spieltag

182 DEUTSCHE LIGA

WIE HEISST EIN BEKANNTER FUSSBALLVEREIN IN COTTBUS?

A) Power

B) Werder

C) Energie

183 TREINER

WIE HEISST DER FUSSBALLTRAINER VOLLSTÄNDIG "OTTMAR ..."?

A) Warmling

B) Hitzfeld

C) Frierlich

184 FUSSBALLSPIELER

WELCHER FUSSBALLER BESITZT DEN MUSLIMISCHEN NAMEN BILAL YUSUF MOHAMMED?

- A) Diego Ribas da Cunha
- B) Ruud van Nistelrooy
- C) Franck Ribéry

185 ALLGEMEINES WISSEN

WIE HEISSEN DIE POLSTER, MIT DENEN FUSSBALLER IHRE BEINE SCHÜTZEN?

A) Beinschoner

B) Knieschützer

C) Schienbeinschoner

186 BUNDESLIGA

WELCHER OST-FUSSBALLVEREIN SPIELTE IN DER SAISON 05/06 IN DER 1.BUNDESLIGA?

A) FC Hansa Rostock

B) Erzgebirge Aue

C) Keiner

187 FUSSBALLSPIELER

WIE HEISST EIN BEKANNTER TORWART?

A) Frank Reck

B) Frank Rost

C) Frank Kost

188 BUNDESLIGA

WER WURDE NICHT ZWEIMAL TORSCHÜTZENKÖNIG DER BUNDESLIGA?

A Klaus Allofs

B Klaus Fischer

C Roland Wohlfahrt

189 DEUTSCHE LIGA

DIE VEREINSFARBEN WELCHES FUSSBALL-CLUBS SIND NICHT SCHWARZ-GELB?

A) Borussii Dortmund

B) Eintracht Frankfurt

C) Dynamo Drezno

190 BUNDESLIGA

EIN SPIELER DES VFB STUTTGART HEISST ...?

A) Cocco

B) Cola

C) Cacau

191 EUROPAMEISTERSCHAFT

WELCHES TEAM KONNTE DAS FUSSBALL-EM-FINALE 2008 FÜR SICH ENTSCHEIDEN?

A) Türkei

B) Spanien

C) Deutschland

192 STADIEN

DAS EINZIGE STADION, IN DEM ZWEIMAL DAS FINALE EINER FUSSBALL-WM AUSGETRAGEN WURDE, IST DAS ...?

- A Olympiastadion, Rom
- B Aztekenstadion, Mexiko
- C Olympiastadion, Berlin

193 WELTMEISTERSCHAFT?

WELCHE MANNSCHAFT SPIELTE 1954 GEGEN DEUTSCHLAND IM FINALE DER FUSSBALLWELTMEISTERSCHAFT?

A Ungarn

B Argentinien

C Russland

194 FUSSBALLSPIELER

AN WELCHEN VEREIN WURDE ROBERT LEWANDOWSKI VERKAUFT?

A Real Mardit

B FC Barcelona

C FC Liverpool

195 FUSSBALLSPIELER

WELCHEN STÜRMER KAUFTE DER FCB 2022?

A Sadio Mané

B Mohamed Salah

C Karim Benzema

196 FUSSBALLSPIELER

WIE HEISST DER FUSSBALLER MICHAEL MIT NACHNAMEN?

A Ballack

B Ballfarbe

C Ballpolitur

197 WELTMEISTERSCHAFT

KANADA HAT SICH ZUM ZWEITEN MAL FÜR EINE WM-ENDRUNDE DER MÄNNER QUALIFIZIERT. WANN WAREN SIE DAS ERSTE MAL DABEI GEWESEN?

A 1986

B 1960

C 9992

198 WELTMEISTRSCHAFT

DIE FUSSBALLWELTMEISTERSCHAFT IN KATAR IST SEHR UMSTRITTEN. AUCH DIE ANZAHL DER NATIONALMANNSCHAFTEN, DIE AN DER WELTMEISTERSCHAFT 2022 TEILNEHMEN WERDEN, WURDE ANGEZWEIFELT. WIE VIELE VON IHNEN WERDEN SCHLIESSLICH IN KATAR ERSCHEINEN?

A 32

B 24

C 48

199 WELTMEISTRSCHAFT

WER WAR AUSSER GASTGEBER KATAR DER ERSTE, DER SICH EIN TICKET FÜR DIE FUSSBALLWELTMEISTERSCHAFT GESICHERT HAT?

A Italien

B Deutschland

C Spanien

200 WELTMEISTRSCHAFT

KATAR IST EIN KLEINES LAND (11 500 QUADRATKILOMETER) MIT EINER GERINGEN ANZAHL VON STÄDTEN. TROTZDEM WIRD DIE ELTMEISTERSCHAFT IN ACHT STADIEN AUSGETRAGEN. UND IN WIE VIELEN STÄDTEN?

- A 4
- B 6
- C 5

201 WELTMEISTRSCHAFT

DA DIE WELTMEISTERSCHAFT NICHT WIE ÜBLICH IM SOMMER, SONDERN IM SPÄTHERBST STATTFINDEN WIRD, ÄNDERT SICH AUCH DER KALENDER FÜR DIE VEREINSWETTBEWERBE. WIE VIELE TAGE LIEGEN UNGEFÄHR ZWISCHEN DEM LETZTEN LIGASPIEL IN DEN EUROPÄISCHEN SPITZENLIGEN UND DEM ERÖFFNUNGSSPIEL DER FUSSBALLWELTMEISTERSCHAFT?

A 10

B 14

C 21

202 WELTMEISTRSCHAFT

DIE FUSSBALLWELTMEISTERSCHAFT IN KATAR WIRD AM 21. NOVEMBER 2022 BEGINNEN. UND WANN WIRD SIE ENDEN?

A 18.12.2022

B 12.12.2022

C 31.12.2022

ARBEITSKARTEN

ARBEITSKARTEN
ARBEITSKARTEN

1	
2	
3	
4	
5	
6	
7	
8	
9	
10	
11	
12	
13	
14	
15	
16	
17	
18	
19	
20	
21	
22	
23	
24	
25	

26	
27	
28	
29	
30	
31	
32	
33	
34	
35	
36	
37	
38	
39	
40	
41	
42	
43	
44	
45	
46	
47	
48	
49	
50	

51	
52	
53	
54	
55	
56	
57	
58	
59	
60	
61	
62	
63	
64	
65	
66	
67	
68	
69	
70	
71	
72	
73	
74	
75	

76	
77	
78	
79	
80	
81	
82	
83	
84	
85	
86	
87	
88	
89	
90	
91	
92	
93	
94	
95	
96	
97	
98	
99	
100	

101	
102	
103	
104	
105	
106	
107	
108	
109	
110	
111	
112	
113	
114	
115	
116	
117	
118	
119	
120	
121	
122	
123	
124	
125	

126	
127	
128	
129	
130	
131	
132	
133	
134	
135	
136	
137	
138	
139	
140	
141	
142	
143	
144	
145	
146	
147	
148	
149	
150	

151	
152	
153	
154	
155	
156	
157	
158	
159	
160	
161	
162	
163	
164	
165	
166	
167	
168	
169	
170	
171	
172	
173	
174	
175	

176	
177	
178	
179	
180	
181	
182	
183	
184	
185	
186	
187	
188	
189	
190	
191	
192	
193	
194	
195	
196	
197	
198	
199	
200	

201	
202	

1	
2	
3	
4	
5	
6	
7	
8	
9	
10	
11	
12	
13	
14	
15	
16	
17	
18	
19	
20	
21	
22	
23	
24	
25	

26	
27	
28	
29	
30	
31	
32	
33	
34	
35	
36	
37	
38	
39	
40	
41	
42	
43	
44	
45	
46	
47	
48	
49	
50	

51	
52	
53	
54	
55	
56	
57	
58	
59	
60	
61	
62	
63	
64	
65	
66	
67	
68	
69	
70	
71	
72	
73	
74	
75	

76	
77	
78	
79	
80	
81	
82	
83	
84	
85	
86	
87	
88	
89	
90	
91	
92	
93	
94	
95	
96	
97	
98	
99	
100	

101	
102	
103	
104	
105	
106	
107	
108	
109	
110	
111	
112	
113	
114	
115	
116	
117	
118	
119	
120	
121	
122	
123	
124	
125	

126	
127	
128	
129	
130	
131	
132	
133	
134	
135	
136	
137	
138	
139	
140	
141	
142	
143	
144	
145	
146	
147	
148	
149	
150	

151	
152	
153	
154	
155	
156	
157	
158	
159	
160	
161	
162	
163	
164	
165	
166	
167	
168	
169	
170	
171	
172	
173	
174	
175	

176	
177	
178	
179	
180	
181	
182	
183	
184	
185	
186	
187	
188	
189	
190	
191	
192	
193	
194	
195	
196	
197	
198	
199	
200	

201	
202	

1	
2	
3	
4	
5	
6	
7	
8	
9	
10	
11	
12	
13	
14	
15	
16	
17	
18	
19	
20	
21	
22	
23	
24	
25	

26	
27	
28	
29	
30	
31	
32	
33	
34	
35	
36	
37	
38	
39	
40	
41	
42	
43	
44	
45	
46	
47	
48	
49	
50	

51	
52	
53	
54	
55	
56	
57	
58	
59	
60	
61	
62	
63	
64	
65	
66	
67	
68	
69	
70	
71	
72	
73	
74	
75	

76	
77	
78	
79	
80	
81	
82	
83	
84	
85	
86	
87	
88	
89	
90	
91	
92	
93	
94	
95	
96	
97	
98	
99	
100	

101	
102	
103	
104	
105	
106	
107	
108	
109	
110	
111	
112	
113	
114	
115	
116	
117	
118	
119	
120	
121	
122	
123	
124	
125	

126	
127	
128	
129	
130	
131	
132	
133	
134	
135	
136	
137	
138	
139	
140	
141	
142	
143	
144	
145	
146	
147	
148	
149	
150	

151	
152	
153	
154	
155	
156	
157	
158	
159	
160	
161	
162	
163	
164	
165	
166	
167	
168	
169	
170	
171	
172	
173	
174	
175	

176	
177	
178	
179	
180	
181	
182	
183	
184	
185	
186	
187	
188	
189	
190	
191	
192	
193	
194	
195	
196	
197	
198	
199	
200	

201	
202	

1	
2	
3	
4	
5	
6	
7	
8	
9	
10	
11	
12	
13	
14	
15	
16	
17	
18	
19	
20	
21	
22	
23	
24	
25	

26	
27	
28	
29	
30	
31	
32	
33	
34	
35	
36	
37	
38	
39	
40	
41	
42	
43	
44	
45	
46	
47	
48	
49	
50	

51	
52	
53	
54	
55	
56	
57	
58	
59	
60	
61	
62	
63	
64	
65	
66	
67	
68	
69	
70	
71	
72	
73	
74	
75	

76	
77	
78	
79	
80	
81	
82	
83	
84	
85	
86	
87	
88	
89	
90	
91	
92	
93	
94	
95	
96	
97	
98	
99	
100	

101	
102	
103	
104	
105	
106	
107	
108	
109	
110	
111	
112	
113	
114	
115	
116	
117	
118	
119	
120	
121	
122	
123	
124	
125	

126	
127	
128	
129	
130	
131	
132	
133	
134	
135	
136	
137	
138	
139	
140	
141	
142	
143	
144	
145	
146	
147	
148	
149	
150	

151	
152	
153	
154	
155	
156	
157	
158	
159	
160	
161	
162	
163	
164	
165	
166	
167	
168	
169	
170	
171	
172	
173	
174	
175	

176	
177	
178	
179	
180	
181	
182	
183	
184	
185	
186	
187	
188	
189	
190	
191	
192	
193	
194	
195	
196	
197	
198	
199	
200	

201	
202	

1	
2	
3	
4	
5	
6	
7	
8	
9	
10	
11	
12	
13	
14	
15	
16	
17	
18	
19	
20	
21	
22	
23	
24	
25	

26	
27	
28	
29	
30	
31	
32	
33	
34	
35	
36	
37	
38	
39	
40	
41	
42	
43	
44	
45	
46	
47	
48	
49	
50	

51	
52	
53	
54	
55	
56	
57	
58	
59	
60	
61	
62	
63	
64	
65	
66	
67	
68	
69	
70	
71	
72	
73	
74	
75	

76	
77	
78	
79	
80	
81	
82	
83	
84	
85	
86	
87	
88	
89	
90	
91	
92	
93	
94	
95	
96	
97	
98	
99	
100	

101	
102	
103	
104	
105	
106	
107	
108	
109	
110	
111	
112	
113	
114	
115	
116	
117	
118	
119	
120	
121	
122	
123	
124	
125	

126	
127	
128	
129	
130	
131	
132	
133	
134	
135	
136	
137	
138	
139	
140	
141	
142	
143	
144	
145	
146	
147	
148	
149	
150	

151	
152	
153	
154	
155	
156	
157	
158	
159	
160	
161	
162	
163	
164	
165	
166	
167	
168	
169	
170	
171	
172	
173	
174	
175	

176	
177	
178	
179	
180	
181	
182	
183	
184	
185	
186	
187	
188	
189	
190	
191	
192	
193	
194	
195	
196	
197	
198	
199	
200	

201	
202	

1	
2	
3	
4	
5	
6	
7	
8	
9	
10	
11	
12	
13	
14	
15	
16	
17	
18	
19	
20	
21	
22	
23	
24	
25	

26	
27	
28	
29	
30	
31	
32	
33	
34	
35	
36	
37	
38	
39	
40	
41	
42	
43	
44	
45	
46	
47	
48	
49	
50	

51	
52	
53	
54	
55	
56	
57	
58	
59	
60	
61	
62	
63	
64	
65	
66	
67	
68	
69	
70	
71	
72	
73	
74	
75	

76	
77	
78	
79	
80	
81	
82	
83	
84	
85	
86	
87	
88	
89	
90	
91	
92	
93	
94	
95	
96	
97	
98	
99	
100	

101	
102	
103	
104	
105	
106	
107	
108	
109	
110	
111	
112	
113	
114	
115	
116	
117	
118	
119	
120	
121	
122	
123	
124	
125	

126	
127	
128	
129	
130	
131	
132	
133	
134	
135	
136	
137	
138	
139	
140	
141	
142	
143	
144	
145	
146	
147	
148	
149	
150	

151	
152	
153	
154	
155	
156	
157	
158	
159	
160	
161	
162	
163	
164	
165	
166	
167	
168	
169	
170	
171	
172	
173	
174	
175	

176	
177	
178	
179	
180	
181	
182	
183	
184	
185	
186	
187	
188	
189	
190	
191	
192	
193	
194	
195	
196	
197	
198	
199	
200	

201	
202	

1	
2	
3	
4	
5	
6	
7	
8	
9	
10	
11	
12	
13	
14	
15	
16	
17	
18	
19	
20	
21	
22	
23	
24	
25	

26	
27	
28	
29	
30	
31	
32	
33	
34	
35	
36	
37	
38	
39	
40	
41	
42	
43	
44	
45	
46	
47	
48	
49	
50	

51	
52	
53	
54	
55	
56	
57	
58	
59	
60	
61	
62	
63	
64	
65	
66	
67	
68	
69	
70	
71	
72	
73	
74	
75	

76	
77	
78	
79	
80	
81	
82	
83	
84	
85	
86	
87	
88	
89	
90	
91	
92	
93	
94	
95	
96	
97	
98	
99	
100	

101	
102	
103	
104	
105	
106	
107	
108	
109	
110	
111	
112	
113	
114	
115	
116	
117	
118	
119	
120	
121	
122	
123	
124	
125	

126	
127	
128	
129	
130	
131	
132	
133	
134	
135	
136	
137	
138	
139	
140	
141	
142	
143	
144	
145	
146	
147	
148	
149	
150	

151	
152	
153	
154	
155	
156	
157	
158	
159	
160	
161	
162	
163	
164	
165	
166	
167	
168	
169	
170	
171	
172	
173	
174	
175	

176	
177	
178	
179	
180	
181	
182	
183	
184	
185	
186	
187	
188	
189	
190	
191	
192	
193	
194	
195	
196	
197	
198	
199	
200	

201	
202	

Name:	
Nachname:	
Lieblings-Fußballer:	
Lieblingsteam	
Quizergebnis:	
Wissen	

⚽	⚽⚽	⚽⚽⚽	⚽⚽⚽⚽	⚽⚽⚽⚽⚽
Anfänger (0-50)	Amateur 51-100	Profi 101-150	Weltklasse 151-200	Legendär 170-200

Name:	
Nachname:	
Lieblings-Fußballer:	
Lieblingsteam	
Quizergebnis:	
Wissen	

⚽	⚽⚽	⚽⚽⚽	⚽⚽⚽⚽	⚽⚽⚽⚽⚽
Anfänger (0-50)	Amateur 51-100	Profi 101-150	Weltklasse 151-200	Legendär 170-200

Name:	
Nachname:	
Lieblings-Fußballer:	
Lieblingsteam	
Quizergebnis:	
Wissen	

⚽	⚽⚽	⚽⚽⚽	⚽⚽⚽⚽	⚽⚽⚽⚽⚽
Anfänger (0-50)	Amateur 51-100	Profi 101-150	Weltklasse 151-200	Legendär 170-200

Name:	
Nachname:	
Lieblings-Fußballer:	
Lieblingsteam	
Quizergebnis:	
Wissen	

⚽	⚽⚽	⚽⚽⚽	⚽⚽⚽⚽	⚽⚽⚽⚽⚽
Anfänger (0-50)	Amateur 51-100	Profi 101-150	Weltklasse 151-200	Legendär 170-200

Name:	
Nachname:	
Lieblings-Fußballer:	
Lieblingsteam	
Quizergebnis:	
Wissen	

⚽	⚽⚽	⚽⚽⚽	⚽⚽⚽⚽	⚽⚽⚽⚽⚽
Anfänger (0-50)	Amateur 51-100	Profi 101-150	Weltklasse 151-200	Legendär 170-200

Name:	
Nachname:	
Lieblings-Fußballer:	
Lieblingsteam	
Quizergebnis:	
Wissen	

⚽	⚽⚽	⚽⚽⚽	⚽⚽⚽⚽	⚽⚽⚽⚽⚽
Anfänger (0-50)	Amateur 51-100	Profi 101-150	Weltklasse 151-200	Legendär 170-200

Name:	
Nachname:	
Lieblings-Fußballer:	
Lieblingsteam	
Quizergebnis:	
Wissen	

⚽ Anfänger (0-50)	⚽⚽ Amateur 51-100	⚽⚽⚽ Profi 101-150	⚽⚽⚽⚽ Weltklasse 151-200	⚽⚽⚽⚽⚽ Legendär 170-200

Name:	
Nachname:	
Lieblings-Fußballer:	
Lieblingsteam	
Quizergebnis:	
Wissen	

⚽ Anfänger (0-50)	⚽⚽ Amateur 51-100	⚽⚽⚽ Profi 101-150	⚽⚽⚽⚽ Weltklasse 151-200	⚽⚽⚽⚽⚽ Legendär 170-200

Name:	
Nachname:	
Lieblings-Fußballer:	
Lieblingsteam	
Quizergebnis:	
Wissen	

Anfänger (0-50)	Amateur 51-100	Profi 101-150	Weltklasse 151-200	Legendär 170-200

Name:	
Nachname:	
Lieblings-Fußballer:	
Lieblingsteam	
Quizergebnis:	
Wissen	

Anfänger (0-50)	Amateur 51-100	Profi 101-150	Weltklasse 151-200	Legendär 170-200

ANTWORTEN
ANTWORTEN
ANTWORTEN

1	A	26	C	51	C	76	A
2	B	27	C	52	B	77	A
3	C	28	A	53	B	78	B
4	B	29	B	54	A	79	C
5	B	30	B	55	C	80	A
6	C	31	A	56	A	81	A
7	A	32	B	57	B	82	C
8	A	33	A	58	B	83	A
9	B	34	B	59	C	84	C
10	C	35	B	60	C	85	C
11	C	36	A	61	B	86	A
12	B	37	C	62	B	87	B
13	A	38	A	63	B	88	A
14	C	39	A	64	C	89	B
15	A	40	B	65	A	90	B
16	C	41	B	66	C	91	B
17	C	42	C	67	B	92	C
18	B	43	A	68	C	93	C
19	A	44	B	69	A	94	A
20	B	45	A	70	B	95	B
21	A	46	B	71	B	96	B
22	A	47	A	72	B	97	A
23	B	48	A	73	A	98	A
24	B	49	C	74	C	99	B
25	C	50	A	75	B	100	A

101	B
102	C
103	C
104	A
105	C
106	B
107	B
108	B
109	A
110	C
111	B
112	C
113	A
114	B
115	A
116	B
117	B
118	B
119	C
120	B
121	A
122	C
123	A
124	A
125	B

126	B
127	A
128	C
129	C
130	B
131	A
132	B
133	A
134	C
135	C
136	A
137	B
138	C
139	A
140	B
141	A
142	B
143	C
144	A
145	C
146	C
147	C
148	B
149	A
150	A

151	B
152	B
153	C
154	C
155	B
156	B
157	A
158	A
159	B
160	B
161	A
162	A
163	B
164	B
165	C
166	C
167	A
168	A
169	A
170	B
171	A
172	A
173	C
174	C
175	B

176	A
177	C
178	B
179	B
180	B
181	A
182	C
183	B
184	C
185	C
186	C
187	B
188	B
189	B
190	C
191	C
192	B
193	A
194	B
195	A
196	A
197	A
198	A
199	B
200	C

201	C
202	A

Printed in Poland
by Amazon Fulfillment
Poland Sp. z o.o., Wrocław

14690413R00072